# pip is

## Els van Egeraat

Zwijsen

pip is sip.

saar is er.
pim is er.
sim is er.

3

maar ik mis maan.
maan is ver.

saar is raar.
pim is raar.
sim is raar.

maan is aan!

6

vaar maar, pip.
vaar maar!

ik vaar!
ik vaar naar maan!

rem pip.
rem!

9

maan is ver.
pip is ver.
pip is er.

10

pip is er.
pip en maan!

## sterretjes bij kern 2 van Veilig leren lezen

*na 4 weken leesonderwijs*

### 1. pim en saar
Daniëlle Schothorst

### 2. pim en pep
Juliette de Wit

### 3. pip is sip
Els van Egeraat